FONDAZIONE GIORGIO CINI
ISTITUTO ITALIANO ANTONIO VIVALDI

ANTONIO VIVALDI

SONATA
PER VIOLINO E BASSO CONTINUO
F XIII, 62
RV 798

EDIZIONE CRITICA
A CURA DI
MICHAEL TALBOT

T0166265

RICORDI

Casa Ricordi, Milano
© 1999 by **CASA RICORDI** - BMG RICORDI S.p.A.
Tutti i diritti riservati - All rights reserved
Anno 1999
Printed in Italy

PR 1350
ISMN M-041-91350-6

Prefazione generale

I criteri che guidano la nuova edizione critica delle opere di Antonio Vivaldi sono analiticamente esposti nelle Norme editoriali, *redatte a cura del Comitato Editoriale dell'Istituto Italiano Antonio Vivaldi. Se ne offre qui un estratto che descrive, nei termini indispensabili alla comprensione della partitura, la tecnica editoriale adottata.*

L'edizione si propone di presentare un testo il più possibile fedele alle intenzioni del compositore, così come sono ricostruibili sulla base delle fonti, alla luce della prassi di notazione contemporanea e delle coeve convenzioni esecutive.

La tecnica di edizione adottata per opere singole o gruppi di opere è illustrata nelle Note critiche. *Esse contengono di norma:*

1. *Una trattazione dell'origine e delle caratteristiche generali della composizione (o delle composizioni).*
2. *Un elenco delle fonti (comprese le fonti letterarie quando rivestano particolare importanza).*
3. *Una descrizione di tutte le fonti che il curatore ha collazionato o consultato, comprese le più importanti edizioni moderne.*
4. *Una relazione e una spiegazione relative alle scelte testuali derivanti dallo stato delle fonti e dalle loro reciproche relazioni e alle soluzioni adottate per composizioni particolarmente problematiche, non previste nella* Prefazione generale. *In particolare viene specificato quale fonte è usata come* fonte principale *dell'edizione, quale (o quali) sono state collazionate, consultate o semplicemente elencate.*
5. *Una discussione sulla prassi esecutiva relativa alla composizione o alle composizioni edite.*
6. *Un apparato critico dedicato alla lezione originale e alla sua interpretazione, contenente la registrazione di tutte le varianti rispetto alla fonte principale e alle fonti collazionate.*

Ogni intervento del curatore sul testo che vada al di là della pura traslitterazione della notazione antica o che non corrisponda a un preciso sistema di conversione grafica qui segnalato, viene menzionato nelle Note critiche *o evidenziato attraverso specifici segni:*

1. *Parentesi rotonde (per indicazioni espressive o esecutive mancanti nelle fonti e aggiunte per assimilazione orizzontale o verticale; per correzioni e aggiunte del curatore laddove nessuna delle fonti fornisce, a suo giudizio, un testo corretto).*
2. *Corpo tipografico minore (per l'integrazione del testo letterario incompleto o carente sotto la linea o le linee del canto; per le indicazioni « solo » e « tutti » aggiunte dal curatore; per la realizzazione del basso continuo per strumento a tastiera).*
3. *Linee tratteggiate ⌐ ─ ─ ─ ─ ─ ¬ per legature di articolazione o di valore aggiunte dal curatore.*
4. *Semiparentesi quadre ⌐   ¬ per il testo musicale o letterario di un rigo derivato in modo esplicito (mediante abbreviazione) o implicito da un altro rigo.*

Non vengono di norma segnalati nell'edizione gli interventi del curatore nei casi seguenti:

I)   *Quando viene aggiunta una legatura tra l'appoggiatura e la nota principale. Questa regola vale anche nel caso di gruppi di note con funzione di appoggiatura.*

II) *Quando segni di articolazione (per esempio punti di staccato) sono aggiunti a una serie di segni simili per assimilazione, sulla base di inequivocabili indicazioni della fonte.*

III) *Quando la punteggiatura viene corretta, normalizzata o modernizzata; lo stesso vale per l'ortografia e l'uso delle maiuscole.*

IV) *Quando abbreviazioni comunemente usate vengono sciolte.*

V)   *Quando pause di un'intera battuta mancanti nella fonte vengono aggiunte, e non c'è alcun dubbio che una parte del testo musicale sia stata inavvertitamente omessa.*

VI) *Quando vengono introdotti dal curatore segni ritmici indicanti modalità di esecuzione.*

L'ordine delle parti strumentali nella partitura segue la prassi editoriale moderna.

La notazione trasposta dell'originale (per il violone, il flautino, il corno) viene mantenuta nell'edizione; nelle Note critiche *viene specificato l'intervallo di trasposizione dei singoli strumenti (con l'eccezione del violone). Parti in notazione di « bassetto » (violini, viole, clarinetti, chalumeaux, ecc.) sono trascritte nelle chiavi di violino e di contralto e nell'ottava appropriata.*

Nelle Note critiche *l'altezza dei suoni viene così citata:*

Le armature di chiave sono modernizzate per intere composizioni o per singoli movimenti, e l'armatura di chiave originale è indicata *nelle* Note critiche. *L'edizione usa le seguenti chiavi: per le parti strumentali, le chiavi di violino, di contralto, di tenore e di basso secondo l'uso moderno; per le parti vocali, la chiave di violino, la chiave di violino tenorizzata e la chiave di basso. Le chiavi originali o i cambiamenti di chiave sono registrati* nelle *Note critiche.*

Per quanto concerne il trattamento delle alterazioni, le fonti settecentesche della musica di Vivaldi seguono l'antica convenzione secondo la quale le inflessioni cromatiche mantengono la loro validità solamente per il tempo in cui la nota alla quale è premessa l'alterazione è ripetuta senza essere interrotta da altri valori melodici, indipendentemente dalla stanghetta di battuta. Pertanto la traslitterazione nella notazione moderna comporta l'automatica aggiunta di certe alterazioni e la soppressione di altre. Inflessioni cromatiche non esplicite nella notazione della fonte originale, ma aggiunte dal curatore, sono segnalate, quando è possibile, nella partitura, mettendo tra parentesi l'alterazione o le alterazioni introdotte. Se la stessa alterazione è presente nell'armatura di chiave, ovvero appare precedentemente nella stessa battuta, mantenendo dunque, secondo le convenzioni moderne, la propria validità, l'intervento del curatore viene segnalato *nelle* Note critiche, *dove viene offerta la lezione originale.**

Il basso continuo per strumento a tastiera è notato su due righi. Il rigo superiore contiene la realizzazione del curatore stampata in corpo minore. Essa non è da intendersi tout-court come una parte per la mano destra, dato che alcune note potranno legittimamente essere intese per la mano sinistra dell'esecutore. Il rigo inferiore che, in quanto parte di basso si riferisce spesso non solo agli strumenti del continuo, ma a tutti gli strumenti gravi dell'orchestra, è fornito di tutte le numeriche del basso esistenti nell'originale, stampate sotto di esso. Queste numeriche possono essere, se necessario, corrette dal curatore, che tuttavia non ne aggiungerà di nuove. Le alterazioni sono apposte davanti alle numeriche cui si riferiscono e i tratti trasversali indicanti l'alterazione cromatica di una nota (ᛏ) sono sostituiti dal diesis o dal bequadro corrispondenti. L'abbassamento di un semitono di una cifra del basso precedentemente diesizzata, è sempre indicata col segno di bequadro, anche se le fonti, talvolta, usano per lo stesso scopo il segno di bemolle. Le indicazioni « solo » e « tutti » nel basso, sempre in carattere minore se aggiunte dal curatore, si riferiscono a cambiamenti nella strumentazione della linea del basso, descritti più analiticamente *nelle* Note critiche. *Particolari figurazioni ritmiche nella linea del basso non devono necessariamente essere eseguite da tutti gli strumenti del continuo: così, veloci disegni in scala possono essere affidati ai soli strumenti ad arco; a sua volta il clavicembalo può suddividere in valori più brevi lunghe note tenute dal basso, dove questo si addica alla generale struttura ritmica del brano.*

Abbellimenti normalmente previsti dalle convenzioni esecutive dell'epoca vivaldiana sono aggiunti dal curatore tra parentesi rotonde se mancano nella fonte. Se la fonte indica o sottintende una cadenza, *nelle* Note Critiche *essa viene sottolineata come tale, ma di norma non se ne fornisce un modello.*

Quando si fa riferimento a note della fonte che, anche se interessate da un'inflessione cromatica, non sono precedute da alcuna alterazione (generalmente perché l'inflessione è prescritta dall'armatura di chiave), la parola o il simbolo per l'inflessione sono racchiusi tra parentesi.

General Preface

The guiding principles behind the new, critical edition of the works of Antonio Vivaldi are set out in detail in the *Editorial Norms* agreed by the Editorial Committee of the Istituto Italiano Antonio Vivaldi. We give below a summary which describes, in terms essential to the understanding of the score, the editorial principles adopted. The editon aims at maximum fidelity to the composer's intentions as ascertained from the sources in the light of the contemporary notational and performance practice.

The editorial method employed for single works or groups of works is described in the *Critical Notes*, which normally contain:

1. A statement of the origin and general characteristics of the compositions.
2. A list of sources, including literary sources when relevant.
3. A description of all the sources collated or consulted by the editor, including the most important modern editions.
4. An account and explanation of decisions about the text arising from the state of the sources and their interrelationship, and of solutions adopted for compositions presenting special problems, unless these are already covered in the *General Preface*. In particular, it will be made clear which source has been used as the *main source* of the edition, and which others have been *collated, consulted* or merely *listed*.
5. A discussion of performance practice in regard to the composition(s) published.
6. A critical commentary concerned with original readings and their interpretation, which lists all variations existing between the main source and the collated sources.

All instances of editorial intervention which go beyond simple transliteration of the old notation or which do not conform to a precise system of graphical conversion described below will be mentioned in the *Critical Notes* or shown by special signs:

1. Round brackets (for marks of expression or directions to the performer absent in the sources and added through horizontal or vertical assimilation; for editorial emendations where none of the sources, in the editor's judgement, provides a correct text).
2. Small print (to complete an underlaid text when some or all words are missing; for the editorial indications "solo" and "tutti"; for the realization for keyboard of the continuo).
3. Broken lines ⁓⁓⁓⁓⁓⁓⁓ for slurs and ties added editorially.
4. Square half-brackets ⌐   ¬ for musical or literary text derived explicitly (by means of a cue) or implicitly from that on (or under) another staff.

Normally, the editor will intervene tacitly in the following cases:

I) When a slur linking an appoggiatura to the main note is added. This applies also to groups of notes functioning as appoggiaturas.
II) When marks of articulation (e.g. staccato dots) are added to a series of similar marks by assimilation and the source leaves no doubt that this is intended.
III) When punctuation is corrected, normalized or modernized; the same applies to spelling and capitalization.
IV) When commonly-used abbreviations are resolved.
V) When whole-bar rests absent in the source are added, there being no reason to think that a portion of musical text has inadvertently been omitted.
VI) When editorial rhythmic signs indicating a manner of performance are added.

The order of the instrumental parts in the score follows modern publishing practice.

Transposing notation in the original (for *violone, flautino,* horn) is retained in the edition; in the *Critical Notes* the interval of transposition of individual instruments (*violone* excepted) will be specified. Parts in "bassetto" notation (violins, violas, clarinets, chalumeaux, etc.) are written out in the appropriate octave using treble or alto clefs.

In the *Critical Notes*, the pitches are cited according to the following system:

C —— B   c —— b   c' —— b'   c" —— b"   c"'

The key signatures of whole compositions or individual movements are modernized where appropriate and the original key signature given in the *Critical Notes*. The edition employs the following clefs: for instrumental parts, treble, alto, tenor and bass clefs following modern usage; for vocal parts, treble, "tenor G" and bass clefs. Original clefs or clef changes are recorded in the *Critical Notes*.

In regard to the treatment of accidentals, the 18th-century sources of Vivaldi's music adhere to the old convention whereby chromatic inflections retain their validity for only so long as the note to which an accidental has been prefixed is repeated without interruption, irrespective of barlines. Conversion to modern notation thus entails the tacit addition of some accidentals and the suppression of others. Chromatic inflections not made explicit in the notation of the original source but supplied editorially are shown where possible in the score, the one or more accidentals entailed being enclosed in parentheses. If the same accidental is present in the key signature or appears earlier in the same bar, therefore remaining valid under the modern convention, the editorial intervention is recorded in the *Critical Notes*, where the original reading is given.*

The *basso continuo* for keyboard is notated on two staves. The upper staff contains the editorial realization. This should not be understood *tout court* as a part for the right hand, since certain notes may be intended for the performer's left hand. The lower staff, which as a bass part often has to be played not merely by continuo instruments but also by all the "low" instruments of the orchestra, includes all the bass figures present in the original, which are printed below it. Where necessary, these figures may be corrected by the editor, who will not add any new figures, however. Accidentals precede the figures to which they refer, and cross-strokes indicating the chromatic inflection of a note (♯) are replaced by the appropriate accidental. The lowering by a semitone of a previously sharpened bass figure is always indicated by the natural sign, although the sources sometimes use the flat sign synonymously. The indications "solo" and "tutti" in the bass, always in small print if editorial, call for changes in the instrumentation of the bass line, which are described more specifically in the *Critical Notes*. Rhythmic figurations in the bass line are not necessarily meant to be performed on all participating instruments; thus, rapid scales may be left to the stringed bass instruments, while the harpsichord may split sustained bass notes into shorter values, where this conforms to the general rhythm of the piece.

Embellishments normally required by the performing conventions of Vivaldi's age are supplied editorially, appearing in round brackets, if absent in the source. If the source indicates or implies a cadenza, this will be pointed out in the *Critical Notes*, but normally no specimen of one will be supplied.

---

*When reference is made to notes of the source that, although chromatically inflected, are not themselves preceded by any accidental (usually because the inflection is prescribed by the key signature), the word or symbol for the inflection is enclosed in parentheses.

Sonata per violino e basso continuo
F XIII, 62 (RV 798)

2

(Allegro)

* v. Apparato critico / *see Critical Commentary*

4

(tasto solo)

5

6

8

Allegro

9

PR 1350

Note critiche

La conoscenza in tempi moderni di questa sonata, sinora inedita, risale al 1979, quando essa fu brevemente citata, insieme con altre quattro sonate per violino con le quali condivide un codice, in un elenco di 207 composizioni musicali che sino a quel momento avevano giaciuto indisturbate in una sala secondaria («Sala 32») della Biblioteca Civica «Angelo Mai» a Bergamo.[1] Sembrerebbe che per altri diciannove anni nessuno abbia prestato attenzione a questa informazione (o che almeno nessuno abbia reagito ad essa). La via per una considerazione ulteriore e per una pubblicazione si aprì solo nel 1998, quando – messo al corrente dell'esistenza del manoscritto grazie al catalogo RISM dei manoscritti musicali posteriori al 1600 su CD-ROM – ne ordinai delle fotocopie.[2] In seguito ho esaminato il manoscritto *in situ*, una visita che ha permesso di ottenere alcune ulteriori informazioni interessanti sulle sue origini.[3]

L'attuale segnatura del manoscritto è «MAYR Fald.356/23a».[4] Bisogna subito sottolineare che il manoscritto non ha connessioni storiche con la raccolta conservata nella stessa biblioteca, un tempo appartenuta al compositore Johann Simon Mayr, il cui catalogo fu pubblicato nel 1963.[5] Comprende cinque doppie carte di carta da musica, ciascuna delle quali contiene una sonata per violino. Queste dieci carte sono incollate entro: (a) un paio di copertine di sottile cartoncino grezzo; (b) un paio di fogli di guardia esterni di carta velina grigia; (c) un paio di fogli di guardia interni di carta bianca rigida.

Il formato di tutti questi elementi è oblungo e misura 220 per 305 mm. Le copertine, i fogli di guardia e la carta da musica sono stati rifilati su tutti i lati con un'operazione simultanea. Sia la scelta di un materiale povero per le copertine, sia il fatto che queste furono rifilate esattamente nello stesso momento delle carte che contengono la musica, dimostrano che questa non è una raccolta nata dall'opera di un rilegatore – del tipo di quelle che per la prima volta raccolgono brani anteriormente non collegati tra loro – ma un'antologia messa insieme per uno scopo preciso da una copisteria.

Uno dei molti fattori che contribuiscono a sostenere questa ipotesi sono le scritte sulle copertine. L'esterno della copertina di frontespizio riporta un titolo, scritto al centro in inchiostro marrone e a caratteri molti grandi: «Sonate à Violino / Solo».[6] Ma c'è un altro titolo (o almeno un'iscrizione che serve da segno di riconoscimento) all'interno della copertina posteriore: «1704 2.ᵈᵃ San Cassan del Gasparini / Fredegonda». Il riferimento è all'opera *Fredegonda* di Francesco Gasparini, rappresentata a Venezia nel teatro S. Cassiano all'inizio della stagione di carnevale del 1705.[7] Quello che deve essere accaduto è che le copertine furono originariamente usate per accogliere materiale da quest'opera (una raccolta di arie?) ma furono riciclate in un secondo tempo, con le copertine rovesciate, per accogliere le sonate. La copisteria in questione deve essere stata con ogni probabilità veneziana, poiché era consuetudine che i teatri veneziani passassero le partiture di ogni nuova produzione a una copisteria di fiducia nelle vicinanze – che ne diventava responsabile – per copiare in primo luogo tutti i materiali necessari per l'esecuzione e poi per soddisfare ogni richiesta di acquirenti privati relativa a partiture o a brani che venivano comprati come «souvenir».

Nessuno dei tipi di carta del manoscritto ha linee degli stampi o filigrane visibili. La carta da musica sembra, comunque, essere di un tipo prodotto nello Stato veneto: è moderatamente spessa e di color bianco cremoso; su ogni lato sono stati tracciati, in una sola volta, dieci righi di colore marrone medio, tirati entro un paio di linee guida verticali che scendono per l'intera grandezza della pagina. Vengono impiegati tre differenti schemi di rigatura. Il primo, con un'ampiezza verticale (dalla linea superiore del rigo più alto alla linea inferiore del rigo più basso) di 191,5 mm., appare sulle cc. 1-2, 5-6 e 7-8 (cioè nella prima, nella terza e nella quarta sonata);[8] il secondo (di 186,5 mm.) appare sulle cc. 3-4; il terzo (182,0 mm.) sulle cc. 9-10. L'apparizione del primo schema in tre differenti composizioni, ciascuna di un compositore differente (Vivaldi, Somis, Bigaglia) fornisce un supporto ulteriore all'idea di un'antologia messa insieme dalla copisteria stessa.

Due mani furono responsabili della copiatura dei cinque brani. Un copista trascrisse il primo, il terzo, il quarto e il quinto brano, un altro il secondo. Né l'una né l'altra mano, per quanto mi consta, è nota da indagini precedenti.[9] Il fatto che la seconda sonata sia scritta da una mano diversa rispetto alle altre non è necessariamente significativo, in quanto la *raison d'être* specifica di una copisteria era quella di eseguire le commissioni il più velocemente possibile, attraverso l'impiego di un gruppo di copisti. Lo stile della notazione è molto uniforme. Ci sono cinque sistemi di due righi ciascuno (per il violino e il basso continuo) per pagina e vengono lasciati degli spazi tra i singoli movimenti se (e solo se) lo spazio totale disponibile per ogni sonata (quattro facciate) lo permette.[10] La numerica del basso è ovunque molto ridotta. Il colore dell'inchiostro usato per la notazione è marrone, con una gradazione che varia dal marrone alquanto chiaro al marrone piuttosto scuro.

Sarà opportuno identificare le cinque composizioni trascrivendone i titoli che appaiono sulle pagine iniziali:

c. 1r   Sonata à Solo del Sig.r D: Ant:o Viualdi
c. 3r   Sonata à Violino Solo di Antonio Galeazzi
c. 5r   Sonata a Violino Solo Del S:r Gio: Batta Somis[11]
c. 7r   Sonata à Solo Del P: D: Diogenio Bigaglia
c. 9r   Sonata a Solo del P. D: Diogenio Bigaglia

Galeazzi (attivo tra il 1729 e il 1752) fu un compositore minore di Brescia, noto soprattutto per i suoi melodrammi. Nel 1731 aveva il controllo del teatro S. Angelo a Venezia e vi fece rappresentare *Artabano, re de' Parti* di Vivaldi sotto il nuovo titolo di *L'odio vinto dalla costanza*. Il periodo durante il quale fu attivo (e forse anche residente) a Venezia si situa all'inizio della sua carriera (1729-1731).[12] Questa data si accorda con lo stile della sua sonata, in Do maggiore, che, unica tra le cinque, mostra spiccate caratteristiche «galanti».[13]

Diogenio Bigaglia (c.1676 - c.1746), un monaco benedettino di S. Giorgio Maggiore a Venezia (monastero del quale divenne priore), è una figura un po' più nota: un versatile e prolifico compositore di musica sacra vocale, cantate e musica strumentale. Il suo stile, piuttosto conservatore e semplice, ricorda quello di Benedetto Marcello. Queste due sonate per violino, rispettivamente in Re e in Do maggiore, sono le uniche che si conoscono ad essere destinate a questo strumento, non considerando le dodici sonate della sua Op. 1 (c. 1725), nelle quali un violino può – volendo – essere sostituito al flauto diritto.

Giovanni Battista Somis (1686-1763) è la figura di maggior peso – insieme con Vivaldi – ad essere rappresentata in questo codice. È interessante che la sua sonata, in Si minore, non abbia concordanze tra le 71 sonate per violino di Somis conservate in altre fonti. È anche l'unica sua sonata che impiega la successione «classica» di movimenti Adagio-Allegro-Adagio-Allegro, prediletta da Vivaldi e da altri compositori veneziani del tempo (Marcello, Albinoni, Bigaglia etc.).[14] A differenza di Galeazzi, Bigaglia e Vivaldi, Somis non ha legami documentati con Venezia, ma come virtuoso del violino è probabile che abbia visitato occasionalmente la città per esibirsi in festività religiose e in opere.[15]

Anche se composte da quattro autori diversi, queste cinque sonate mostrano numerose caratteristiche comuni. Sono tutte insolitamente facili da un punto di vista tecnico, evitando corde doppie e l'uso di posizioni acute. Con l'eccezione della sonata di Galeazzi, strutturata come Allegro-Adagio-Allegro, adottano tutte lo schema di movimenti Adagio-Allegro-Adagio-Allegro. Sono tutte notevolmente brevi. La mia conclusione, sulla base di tutte le caratteristiche sin qui ricordate, è che la copisteria mise insieme l'antologia attorno al 1730, facendo ricorso a un lavoro abbastanza moderno (Galeazzi) e attingendo per gli altri a un fondo di sonate per violino accumulatosi negli anni (quando ricevevano ordini, da parte di compositori o di mecenati, di preparare copie di determinati lavori, le copisterie spesso producevano surrettiziamente anche loro «copie d'archivio»). L'acquirente deve essere stato probabilmente un violinista dilettante.

L'autenticità della sonata attribuita a Vivaldi non può essere messa in discussione. Poiché la fonte è un *unicum*, l'attribuzione non può essere confermata o smentita da concordanze.[16] Tuttavia non c'è alcun tratto stilistico che possa essere considerato come non vivaldiano. In particolare, il secondo movimento in 3/8, nello stile della *corrente*, e il breve quarto movimento in 2/4, nello stile della *gavotta*, sono convincenti. Lo stesso per quanto riguarda il fraseggio asimmetrico (3 battute + 2 battute) all'inizio del secondo movimento e l'urto armonico che si incontra cinque battute prima della fine del quarto movimento. Sino ad oggi la sonata non è apparsa in nessun catalogo vivaldiano, ma Peter Ryom le ha già conferito il numero con il quale sarà nota in futuro: RV 798. Non si può certo affermare che questa sonata sia particolarmente sorprendente o superiore alla norma, ma costituisce comunque un arricchimento gradito e degno della produzione vivaldiana. La sua semplicità tecnica ne fa un brano adatto per far conoscere a un giovane esecutore le sonate per violino di Vivaldi.

Non è facile situare cronologicamente questa sonata all'interno dell'evoluzione stilistica di Vivaldi. La sua inconsueta facilità (la mancanza di note più brevi di una semiminima, di terzine, di appoggiature notate, di note più alte del re^5) riduce il numero degli indizi. L'impiego, per il secondo movimento, di un'indicazione di metro di «3/8» piuttosto che di un semplice «3» non offre una prova per una datazione più remota, dato che il manoscritto non è autografo; sono noti casi nei quali un «3» di Vivaldi fu cambiato da un copista nel più convenzionale «3/8».[17] La mia impressione complessiva è che questa sonata sia stata composta più verso l'inizio che verso la fine del decennio 1720-1730; il che la porrebbe in una posizione intermedia tra i gruppi di «Dresda» (c. 1716-1717) e quelli di «Manchester» (c. 1726).

In conclusione può essere utile qualche suggerimento agli esecutori moderni. Il basso può essere affidato a uno strumento a tastiera (clavicembalo, organo), a uno strumento ad arco (violoncello, basso di viola), a uno strumento a corde pizzicate (arciliuto, tiorba) o a qualsiasi combinazione dei precedenti. La realizzazione del basso, offerta dal curatore, è stata pensata per un clavicembalo e un violoncello, che esegue la linea del basso: la combinazione oggi, e fors'anche ai tempi di Vivaldi, più comune. Ovviamente gli esecutori del basso continuo dotati della capacità e dell'abilità di modificare (o addirittura di ignorare) la realizzazione data, dovranno farlo senza esitazione, elaborando le loro soluzioni il più possibile in funzione della natura del loro strumento, della loro tecnica e delle condizioni acustiche del luogo nel quale l'esecuzione si svolge. In particolare può essere opportuno in molti luoghi eseguire l'accompagnamento nello stile definito dal teorico tedesco Johann David Heinichen *vollstimmig* (letteralmente «a piena voce»), riproducendo specularmente con la mano sinistra le note eseguite dalla destra. Per larghi tratti senza numerica (come era assolutamente normale a quell'epoca nelle sonate italiane per uno strumento e basso continuo copiate in partitura), il basso di Vivaldi lascia grande libertà all'accompagnatore nella scelta degli accordi: esistono molte valide possibilità armoniche oltre a quelle scelte dal curatore.

I trilli – in particolare quelli su note lunghe (come nel III movimento, bb. 6 e 16) – dovrebbero di norma indugiare sulla nota iniziale superiore, a mo' di appoggiatura.[18] Il livello dinamico non dovrebbe essere mantenuto uniforme; gli esecutori dovrebbero sforzarsi di creare effetti di luce e d'ombra, sia nello stile «a terrazze» sia in quello basato su gradazioni progressive. In entrambi i movimenti lenti esiste la possibilità, per il violinista, di introdurre alcuni abbellimenti improvvisati, specialmente nei punti nei quali il basso è meno attivo.

Apparato critico

movimento, battuta	strumento	
II, 1	Basso	Vedi nota alla b. 26.
II, 4	Vl	La legatura finisce sulla nota due; lo stesso alle bb. 8, 19, 65, 67 e 104.
II, 26	Basso	A differenza delle bb. 1-3, le note del basso alle bb. 26-28 e seguenti sono indicate come quarti seguiti da pause di ottavo anziché come quarti puntati. Il curatore ritiene che la differenza sia solo di tipo notazionale, non musicale. Ne consegue che i quarti puntati nelle bb. 1-3 (anche nelle bb. 6-7) dovrebbero essere eseguiti molto staccati, come se i punti fossero pause.
II, 44	Vl	Legatura posta sulle note 2-3.
II, 57	Vl	Note 4 e 6 senza diesis; lo stesso alla b. 64.
II, 65	Vl	Nota 4 senza diesis; lo stesso alla b. 67.

II, 68	Basso	Nota 4 senza diesis.
II, 77	Vl	Nota 6 senza bequadro.
II, 115	Le due parti	Manca il segno di ritornello.
III	Le due parti	Armatura di chiave: 2 diesis.
III, 1	Vl	La nota 4 ha un diesis aggiunto da una mano posteriore (presumibilmente di un esecutore); lo stesso alla b. 11, nota 2. Anche se è stato omesso due volte, il diesis è quasi certamente voluto dal compositore, poiché la prima battuta e mezza del movimento cita in forma trasposta, ma per altro letterale, l'inizio dell'undicesima sonata dell'Opera V di Corelli, nella quale la nota sensibile è diesizzata (sono grato a Eduardo Garcia Salas per l'osservazione).
III, 5	Vl	Nota 3 senza diesis.
III, 7	Basso	Nota 7 senza diesis; lo stesso alla b. 8.
III, 14	Vl	La legatura è posta sulle note 4-6; nota 6 senza diesis.
IV, 1	Le due parti	Manca l'indicazione di metro.
IV, 6	Basso	La nota 2 sostituisce una nota erasa, non chiaramente visibile.
IV, 15	Vl	La nota 3 sostituisce un mi^4 eraso.
IV, 23	Vl	La semplice alternanza di mi^4 e di la^4 in questa battuta appare anomala alla luce dell'uso, in altri contesti simili, di una più elaborata figura di semicrome (che appare per la prima volta alla b. 8). Tuttavia, poiché non c'è una prova forte che la lezione della b. 23 si discosti dalle intenzioni del compositore, non sono state effettuate modifiche.

(Traduzione di Francesco Degrada)

Note

[1] P.M. SOGLIAN - M. VITALI, *Fondi musicali poco noti nella Biblioteca Civica «Angelo Maj»*, «Bergomum. Bollettino della Civica Biblioteca "Angelo Mai"», 73 (1979), pp. 95-116: 109. Per un resoconto più ampio sulla riscoperta della sonata, vedi M. TALBOT, *A New Vivaldi Violin Sonata and Other Recent Finds*, «Informazioni e studi vivaldiani. Bollettino annuale dell'Istituto Italiano Antonio Vivaldi», 20 (1999).

[2] RISM Serie A/II: *Music MSS After 1600*. Una versione *on-line* dello stesso catalogo è accessibile al sito Web: «http://rism.harvard.edu:80/cgi-bin/zform.CGI?A2».

[3] Desidero esprimere il mio ringraziamento al direttore della biblioteca, Dottor Giulio Orazio Bravi, e al bibliotecario responsabile dei fondi musicali, Dottor Marcello Eynard, per la loro cortese assistenza prima e durante la mia visita.

[4] Questa sostituisce la segnatura N.C.16 assegnata al tempo dell'articolo su «Bergomum».

[5] A. GAZZANIGA, *Il fondo musicale Mayr della Biblioteca Civica di Bergamo nel secondo centenario della nascita di Giovanni Simone Mayr (1763-1963)*, Bergamo, Fondazione Amministrazione Provinciale, 1963.

[6] Il titolo è preceduto dal numerale «XXIII», scritto in un diverso inchiostro nero. Questa sembra essere la segnatura di un collezionista. Parecchie opere elencate sull'articolo apparso in «Bergomum» sono numerate in maniera analoga. Esse spaziano su quasi tutto il Settecento (da Corelli a Bertoni) e includono molte composizioni di indubbia provenienza veneziana, come arie di opere rappresentate in teatri di Venezia.

[7] L'opera è indicata come «seconda» anziché come «prima» perché, secondo la consuetudine, è inclusa nel calcolo la precedente stagione d'autunno (cioè autunno 1704). I primi due mesi del 1705 sono ancora compresi nel 1704 *more veneto*.

[8] Le dieci carte rimangono senza numerazione; la numerazione proposta è del curatore.

[9] Il più ampio gruppo di esempi che mostrano le mani dei copisti di manoscritti vivaldiani di provenienza italiana è contenuto in P. EVERETT, *Vivaldi's Italian Copyists*, «Informazioni e studi vivaldiani. Bollettino annuale dell'Istituto Italiano Antonio Vivaldi», 11 (1990), pp. 27-88.

[10] Nel caso della sonata di Vivaldi, il primo movimento è copiato su tre sistemi che occupano i righi 3-8 (leggendo dall'alto in basso) sulla c. 1r; il secondo movimento occupa l'intera c. 1r e i primi otto righi della c. 2r; il terzo movimento i righi 1-4 della c. 2v; il quarto movimento i righi 5-10 della c. 2v.

[11] La rifilatura ha rimosso la parte superiore di alcune lettere di questo titolo (rendendo incerto se la «a» era sormontata da un accento grave e il «Batta» da una linea orizzontale). Il catalogo del RISM ha trascritto «Somis» come «Jomis» a causa della mancanza della parte superiore della prima lettera.

[12] I libretti d'opera superstiti dimostrano che Galeazzi era di nuovo a Brescia nel 1732 e che dal 1733 si era trasferito a Jesi, dove rimase almeno sino al 1752. La relazione, posto che vi fosse, tra Antonio Galeazzi e il compositore e teorico Francesco Galeazzi (1758-1819) è sconosciuta.

[13] Non sembrano essere pervenute altre composizioni di Antonio Galeazzi.

[14] Somis iniziò optando per lo schema Adagio-Allegro-Allegro, ma nelle sue sonate più tarde preferì l'accostamento di Allegro-Adagio-Allegro. Solo una delle sue sonate per violino ha quattro movimenti e segue la sequenza Allegro-Adagio-Allegro-Allegro.

[15] Ho ipotizzato altrove che Somis possa essersi recato a Venezia nell'ultima parte del 1726 al fine di presentare personalmente le sue sonate Op. 4 al loro dedicatario Cardinale Pietro Ottoboni. Vedi M. TALBOT, *Venetian Music in the Age of Vivaldi*, Aldershot, Ashgate Publishing, 1999, Add. p. 4.

[16] Il mio articolo, citato nella Nota 1, identifica alcuni elementi motivici noti attraverso altri lavori, ma questi sono lontani dall'essere veri temi o interi passaggi.

[17] Esempi sono i concerti per violino RV 260 e RV 261, copiati nella raccolta di parti per Anna Maria a Venezia, Biblioteca del Conservatorio di Musica «Benedetto Marcello», Fondo Esposti, B. 55 n. 133.

[18] Un'appoggiatura iniziale di questo tipo viene presupposta nell'armonizzazione del basso realizzata dal curatore.

Critical Notes

Present-day knowledge of this previously unpublished sonata goes back to 1979, when it was briefly mentioned, together with four other violin sonatas with which it shares a volume, in a list of 207 musical items that had previously lain undisturbed for a very long time in a side room ("Sala 32") of the Biblioteca Civica "Angelo Mai", Bergamo.[1] It would appear that for a further nineteen years no one noticed (at least, no one acted on) this information. The path to further evaluation and to publication was opened only in 1998 when, learning of the manuscript's existence via the RISM catalogue of music manuscripts after 1600 on CD-ROM, I ordered photocopies.[2] Since then, I have inspected the manuscript in situ, a visit that yielded some interesting extra clues to its origin.[3]

The present shelfmark of the manuscript is MAYR Fald.356/23a.[4] One must point out immediately that the manuscript has no historical connection with the collection in the same library formerly owned by the composer Johann Simon Mayr, of which a catalogue appeared in 1963.[5] It contains five bifolios of music paper, each transmitting a single violin sonata. These ten folios are nested inside: (a) a pair of covers in thin, pliable cardboard (cartoncino), left in its natural, off-white colour (grezzo); (b) a pair of flimsy, grey, outer endpapers; (c) a pair of stiff, white, inner endpapers. The format of all these elements is oblong, measuring 220 by 305 mm. The covers, endpapers and music papers have been trimmed on all sides in a single operation. Both the choice of a cheap material for the covers and the fact that these were trimmed at exactly the same time as the folios holding the music argue that this is not a "binder's collection" – one in which previously unrelated items are brought together for the first time – but an anthology put together for a specific purpose by a copying shop.

One of the many other factors favouring this hypothesis is the writing on the covers. The outside of the front cover bears a title, written centrally in brown ink and in very large characters: "Sonate à Violino / Solo".[6] But there is another title (or, at least, an inscription serving as a mark of identification) inside the back cover. This is written untidily, in smaller characters, at the top of the cover. It reads: "1704 2.da San Cassan del Gasparini / Fredegonda". The reference is to Francesco Gasparini's opera Fredegonda, performed in Venice at the S. Cassiano theatre at the start of the 1705 carnival season.[7] What seems to have happened is that the covers were originally used to house material (a collection of arias?) from this opera, but were later recycled, with the fold reversed, to house the sonatas. The copying shop in question was in all probability also Venetian, since it was customary for a Venetian opera house to pass the score for each new production to an appointed shop in its vicinity, which then became responsible, first, for writing out all the material needed for the performance, and, second, for satisfying any requirements of private customers for "souvenir" scores or extracts.

None of the papers has visible chainlines or watermarks. The music paper seems, however, to be typical of that produced in the Venetian state: it is moderately thick and creamy-white in colour, and each side has been ruled, in a single action, with ten medium-brown staves set within a pair of vertical guidelines running down the full length of the page. Three different rastrographies are employed. The first, with a vertical span (running from the top line of the highest stave to the bottom line of the lowest stave) of 191.5 mm, appears on fols 1-2, 5-6 and 7-8 (i.e., in the first, third and fourth sonatas).[8] The second (186.5 mm) appears on fols 3-4, the third (182.0 mm) on fols 9-10. The appearance of the first rastrography in three separate works, each by a different composer (Vivaldi, Somis, Bigaglia), lends extra credence to the notion of an anthology compiled by the copying shop itself.

Two hands were responsible for the five items. One copyist produced the first, third, fourth and fifth items, the other the second. Neither hand, to my knowledge, is familiar from previous studies.[9] The fact that the second sonata is written in a different hand from the others is not necessarily significant, since the very raison d'être of a copying shop was to execute commissions more quickly by employing a team of workers. The style of notation is very uniform. There are five two-stave systems (for violin and basso continuo) to the page, gaps being left between movements if, and only if, the total space available for each sonata (four sides) allows it.[10] Figuring of the bass is everywhere very sparse. The colour of the ink used for the musical notation is brown, varying in tone from lightish to fairly dark.

It will be convenient to identify the five works by transcribing their titles, which appear in the form of headings on the opening pages:

fol. 1r   Sonata à Solo del Sig.ʳ D: Ant:º Viualdi
fol. 3r   Sonata à Violino Solo di Antonio Galeazzi
fol. 5r   Sonata a Violino Solo Del S.ʳ Gio: Batta Somis[11]
fol. 7r   Sonata à Solo Del P: D: Diogenio Bigaglia
fol. 9r   Sonata a Solo del P. D: Diogenio Bigaglia

Galeazzi (fl 1729-1752) was a minor Brescian composer known principally for his operas. In 1731 he had control of the S. Angelo theatre in Venice, producing there Vivaldi's Artabano, re de' Parti, *renamed* L'odio vinto dalla costanza. *The period during which he was active, and perhaps also resident, in Venice occurred at the very beginning of his career (1729-1731).[12] This date accords with the style of his sonata, in C major, which, alone of the five, exhibits marked galant characteristics.[13]*

Diogenio Bigaglia (c.1676 - c.1746), a Benedictine monk at S. Giorgio Maggiore in Venice (of which he became prior), is a slightly better known figure: a versatile and prolific composer of sacred vocal music, cantatas and instrumental music. His conservative, rather facile style resembles that of Benedetto Marcello. The present pair of violin sonatas, respectively in D major and C major, are the only ones reported to be scored for that instrument (leaving aside the twelve sonatas of his Op. 1 (c. 1725), in which a violin may optionally replace the recorder).

Giovanni Battista Somis (1686-1763) is the "heavyweight" among Vivaldi's companions in the volume. Remarkably, his sonata, in B minor, has no concordances among the 71 violin sonatas by Somis preserved elsewhere. It is also the only sonata by him to employ the "classic" Slow-Fast-Slow-Fast movement sequence favoured by Vivaldi and many other Venetian composers of the time (Marcello, Albinoni, Bigaglia etc.).[14] Unlike Galeazzi, Bigaglia and Vivaldi, Somis has no documented links with Venice, but as a virtuoso of the violin he is likely to have visited the city occasionally in order to perform at church festivals and in opera.[15]

Although they originate from four different composers, these five sonatas display a number of significant common features. They are all unusually easy from a technical viewpoint, avoiding double stopping and the use of high positions. Except for the Galeazzi sonatas, configured Fast-Slow-Fast, they all adopt the Slow-Fast-Slow-Fast movement sequence. All are notably brief. My conclusion from the evidence so far adduced is that the copying shop assembled the anthology towards 1730, drawing on one more or less up-to-date work (Galeazzi) and relying for the others on a stock of violin sonatas accumulated over the years (when instructed by composers or patrons to prepare copies of works, copying shops often surreptitiously made their own "archival" copies as well). The purchaser was very likely an amateur violinist.

The authenticity of the sonata attributed to Vivaldi cannot seriously be questioned. Since the source is a unicum, *the attribution is naturally neither upheld nor challenged by concordances.[16] However, there is no feature in it that can be identified as un-Vivaldian, whereas there are several that are characteristically, even uniquely, Vivaldian. The second movement in 3/8, styled as a* corrente, *and the short fourth movement in 2/4, styled as a* gavotta, *are especially convincing. So, too, are the asymmetrical phrasing (3 bars + 2 bars) at the start of the second movement and the harmonic clash encountered five bars from the end of the fourth movement. To date, the sonata has appeared in no Vivaldi catalogue, but Peter Ryom has already given it the number by which it will be known in future: RV 798. No one can claim that this sonata is especially striking or better than the average, but it constitutes a welcome and worthy addition to the Vivaldi canon. Its technical facility would make it a good piece to choose when introducing a young performer to Vivaldi's violin sonatas.*

Where to situate the sonata chronologically within the composer's oeuvre is not easy to determine. Its unusual plainness (no note value shorter than the semiquaver, no triplet groups, no notated appoggiaturas, no note higher than d‴) reduces the number of clues. The employment, for the second movement, of a "3/8" rather than "3" time signature provides no argument for an earlier date, given that the manuscript is non-autograph; one knows already of instances where Vivaldi's "3" was changed by a copyist to the more conventional "3/8".[17] My general impression is that the

18

sonata was composed closer to the beginning than to the end of the 1720s, which would make it intermediate between the "Dresden" (c. 1716-1717) and "Manchester" (c. 1726) groups.

In conclusion, a few hints to modern performers may be of use. The bass can be entrusted to a keyboard instrument (harpsichord, organ), a bowed stringed instrument (cello, bass viol), a plucked stringed instrument (archlute, theorbo) or any combination of these. The editorial realisation has been conceived for a harpsichord, supported on the bass line by a cello: the most common combination today, and perhaps also in Vivaldi's own day. It goes without saying that performers of the continuo with the competence and confidence to modify (or, indeed, ignore) the given realisation should do so without hesitation, matching their solution as closely as possible to the nature of their instrument, their technique and the prevailing acoustic conditions. In particular, it may be found advantageous in many places to perform the accompaniment in what the German theorist Johann David Heinichen called a vollstimmig (literally, "fully voiced") fashion, mirroring the notes of the right hand in the left hand. Left largely unfigured (as was absolutely normal at the time in Italian sonatas for one instrument and bass presented in score), Vivaldi's bass allows great latitude to the accompanist in the choice of chords, and many valid harmonic possibilities exist besides those chosen by the editor.

Trills – in particular those on long notes (as in movement III, bars 6 and 16) – should normally linger in the manner of an appoggiatura on the opening upper note.[18] The dynamic level should not be kept uniform; performers should seek to create effects of light and shade, whether in "terraced" or "gradated" fashion. In both slow movements the opportunity exists for the violinist to introduce a few extemporised embellishments, especially at points where the bass is less active.

Critical Commentary

movement, bar	instrument	
II, 1	Basso	See note to bar 26.
II, 4	Vl	Slur ends on note 2; similarly in bars 8, 19, 65, 67 and 104.
II, 26	Basso	Unlike in bars 1-3, the bass notes in bars 26-28 and subsequently are expressed as crotchets followed by quaver rests rather than as dotted crotchets. In the editor's view, the difference is only notational, not musical. By implication, the dotted crotchets in bars 1-3 (also bars 6-7) should be performed in a very detached manner as if the dot were a rest.
II, 44	Vl	Slur placed over notes 2-3.
II, 57	Vl	Notes 4 and 6 without sharp; similarly in bar 64.
II, 65	Vl	Note 4 without sharp; similarly in bar 67.
II, 68	Basso	Note 4 without sharp.
II, 77	Vl	Note 6 without natural.
II, 115	Both parts	Repeat sign missing.
III	Both parts	Key signature of two sharps.
III, 1	Vl	Note 4 has a sharp added by a later hand (perhaps that of a performer); similarly in bar 11, note 2. Despite having been omitted twice, the sharp is almost certainly intended by the composer, since the first one-and-a-half bars of the movement quote in a transposed but otherwise literal form the opening of the eleventh sonata of Corelli's Op. V, where the leading-note is sharpened (I am grateful to Eduardo Garcia Salas for the observation).
III, 5	Vl	Note 3 without sharp.
III, 7	Basso	Note 7 without sharp; similarly in bar 8.
III, 14	Vl	Slur placed over notes 4-6; note 6 without sharp.

basso

Antonio Vivaldi
Sonata per violino e basso continuo
F XIII, 62 (RV 798)
Revisione di Michael Talbot

basso

Andante

(Allegro)

CASA RICORDI, MILANO

© Copyright 1999 by CASA RICORDI-BMG RICORDI S.p.A.

Tutti i diritti riservati - Tous droits réservés - All rights reserved

ISMN M-041-91350-6

STAMPA 1999

PRINTED IN ITALY

PR 1350

IMPRIMÉ EN ITALIE

4

Allegro

INGRAF s.r.l. - Via Monte S. Genesio 7 - Milano
Stampato in Italia - Printed in Italy - Imprimé en Italie 1999

violino

Antonio Vivaldi
Sonata per violino e basso continuo
F XIII, 62 (RV 798)
Revisione di Michael Talbot

violino

Andante

(Allegro)

CASA RICORDI, MILANO © Copyright 1999 by CASA RICORDI-BMG RICORDI S.p.A.
Tutti i diritti riservati - Tous droits réservés - All rights reserved
ISMN M-041-91350-6
PRINTED IN ITALY   PR 1350

STAMPA 1999
IMPRIMÉ EN ITALIE

4

Allegro

INGRAF s.r.l. - Via Monte S. Genesio 7 - Milano
Stampato in Italia - Printed in Italy - Imprimé en Italie 1999

IV, 1	*Both parts*	*The time signature is missing.*
IV, 6	*Basso*	*Note 2 replaces an erased note, not clearly visible.*
IV, 15	*Vl*	*Note 3 replaces an erased e″.*
IV, 23	*Vl*	*The simple alternation of e″ and a″ in this bar appears anomalous in the light of the use, in similar contexts elsewhere, of a more elaborate semiquaver figure (first appearing in bar 8). However, since there is no firm evidence that the reading in bar 23 departs from the composer's intention, no change has been made.*

Notes

[1] P.M. SOGLIAN - M. VITALI, Fondi musicali poco noti nella Biblioteca Civica "Angelo Maj", *"Bergomum. Bollettino della Civica Biblioteca 'Angelo Mai'"*, 73 (1979), pp. 95-116: 109. For a fuller account of the rediscovered sonata, see M. TALBOT, A New Vivaldi Violin Sonata and Other Recent Finds, *"Informazioni e studi vivaldiani. Bollettino annuale dell'Istituto Italiano Antonio Vivaldi"*, 20 (1999).

[2] *RISM Series A/II: Music MSS After 1600. An on-line version of the same catalogue is accessible at http://rism.harvard.edu:80/cgi-bin/zform.CGI?A2.*

[3] *I should like to record here my thanks to the director of the library, Dr Giulio Orazio Bravi, and to the librarian with responsibility for its musical holdings, Dr Marcello Eynard, for their kind assistance before and during my visit.*

[4] *This replaces the shelfmark N.C.16 allocated at the time of the "Bergomum" article.*

[5] A. GAZZANIGA, Il fondo musicale Mayr della Biblioteca Civica di Bergamo nel secondo centenario della nascita di Giovanni Simone Mayr (1763-1963), Bergamo, Fondazione Amministrazione Provinciale, 1963.

[6] *The title is preceded by the numeral "XXIII", written in a distinct black ink. This appears to be a collector's shelfmark. Several of the items listed in the "Bergomum" article are numbered similarly. They span almost the whole of the eighteenth century (running from Corelli to Bertoni) and include many items of undoubted Venetian provenance, such as arias from operas given at Venetian theatres.*

[7] *The opera is described as "second" rather than "first" because, in accordance with custom, the preceding autumn season (here, autumn 1704) is included in the reckoning. The first two months of 1705 are, of course, still 1704 more veneto.*

[8] *The ten folios remain without numbers; the present numbering is my own.*

[9] *The largest group of samples showing hands used for Vivaldi manuscripts of Italian provenance is contained in* P. EVERETT, Vivaldi's Italian Copyists, *"Informazioni e studi vivaldiani. Bollettino annuale dell'Istituto Italiano Antonio Vivaldi"*, 11 (1990), pp. 27-88.

[10] *In the case of Vivaldi's sonata, the first movement is laid out on three systems that occupy staves 3-8 (reading downwards) on fol. 1r; the second movement occupies the whole of fol. 1r and the first eight staves on fol. 2r; the third movement, staves 1-4 on fol. 2v; the fourth movement, staves 5-10 on fol. 2v.*

[11] *Trimming has removed the top of some letters in this title (making it uncertain whether the "a" was surmounted by a grave accent and the "Batta" by a superscript bar). The RISM catalogue has transcribed "Somis" as "Jomis" on account of the missing upper part of the first letter.*

[12] *Surviving opera librettos show that Galeazzi was back in Brescia in 1732 and by 1733 had moved to Jesi, where he remained until at least 1752. The relationship, if any, between Antonio Galeazzi and the composer and theorist Francesco Galeazzi (1758-1819) is unknown.*

[13] *No other composition by Antonio Galeazzi appears to be extant.*

[14] *Somis started by favouring a Slow-Fast-Fast layout, but in his later sonatas came to prefer a Fast-Slow-Fast arrangement. Only one of his violin sonatas has four movements, and this follows the sequence Fast-Slow-Fast-Fast.*

[15] *I have suggested elsewhere that Somis came to Venice in late 1726 in order to present his Op. 4 sonatas personally to their dedicatee, Cardinal Pietro Ottoboni. See* M. TALBOT, Venetian Music in the Age of Vivaldi, *Aldershot, Ashgate Publishing, 1999, Add. p. 4.*

[16] *My article cited in footnote 1 identifies a few motivic elements familiar from other works, but these stop well short of being actual themes or entire passages.*

[17] *Examples are the violin concertos RV 260 and RV 261, as copied into the partbook for Anna Maria in Venice, Biblioteca del Conservatorio di Musica "Benedetto Marcello", Fondo Esposti, B. 55 n.133.*

[18] *An introductory appoggiatura of this kind is presupposed in the editor's harmonisation of the bass.*

ISMN M-041-91350-6

9 790041 913506 >